La Ronde

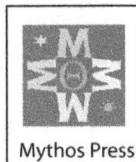
Mythos Press

Et nous tirons de sous nos lits nos
plus grands masques de famille.

St.-John Perse
Étroits sont les vaisseaux…

La Ronde

by Dimitris Zorbas

MYTHOS
PRESS

2013

La Ronde

Copyright © 2013 by Dimitris Zorbas

Cover by: Mythos Press

First edition
First printing

ISBN- 978-0-9658793-4-7

English translation © Dimitris Zorbas 1993
Published by Mythos Press
Post Office Box 566
Plymouth, California 95669

Printed in the United States of America

Table of contents

La Ronde

(1963-1964)

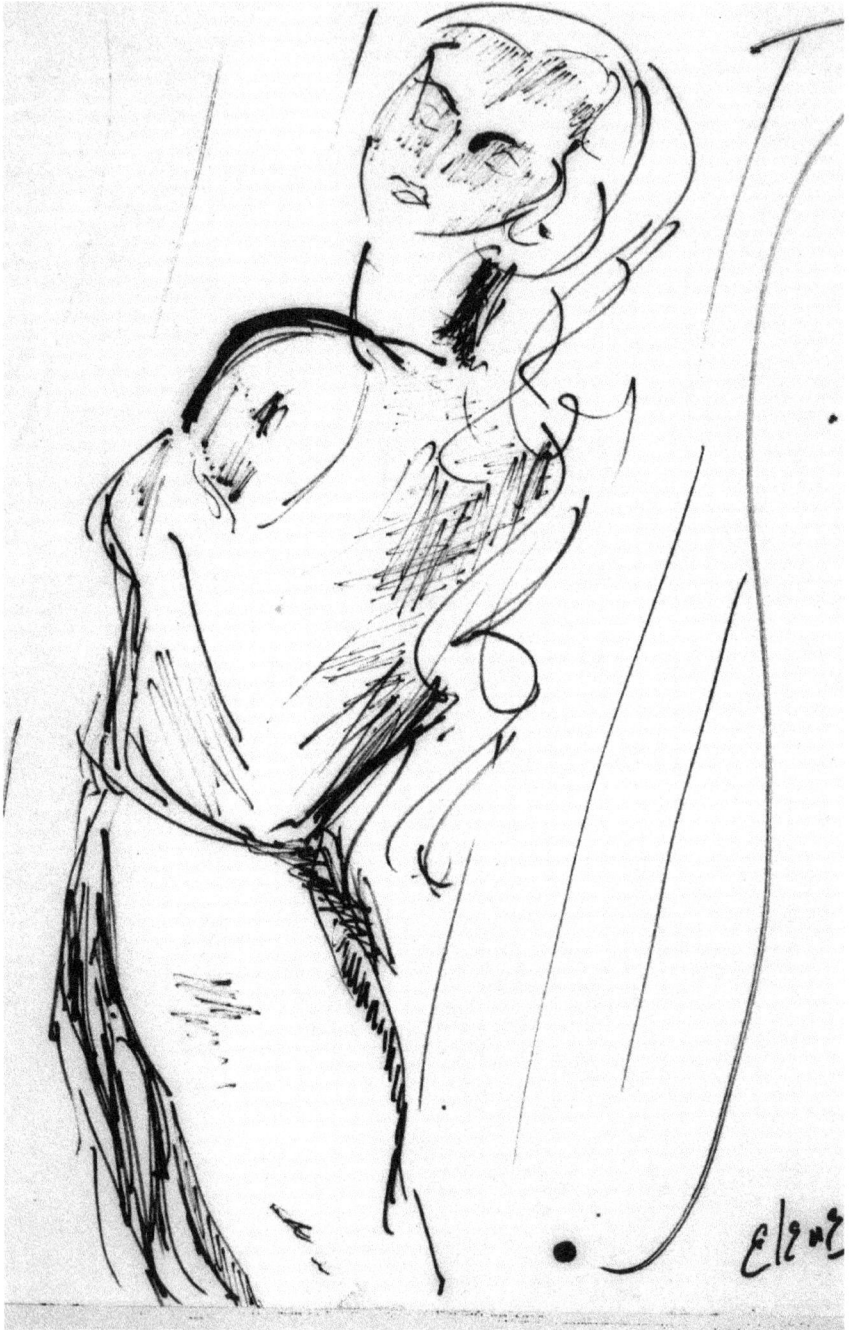

Alter Ego

Bien est verté que j'amé
et ameroie volontiers;

François Villon

Pour HdG

Ο ΧΡΟΝΟΣ

Ο δικος σου ο καιρος ο δικος σου ο χρονος

Στην προεκταση βλεμματος σου

Αναπαυονται σκιες ποθητες νυχτας

χωρις καταρτια

Επαιρνες ριζες χλοης πικρες ν' απαλυνης

Τη δικη σου αισθηση τη δικη σου πληγη

Ο δικος μου ο καιρος ο δικος μου ο χρονος

Φιλι που κυλησε γραμμες βροχης

Καρτερωντας πελαγος κ' ηυρε καυτο χωμα

Γη ηλιου

Σηκωσα τη σκια και βρηκα Εσενα

Τη δικη μου αισθηση τη δικη μου πληγη

TIME

Your season your time

At the extension of your gaze

Rest longing night shadows

Without masts

You took bitter grass roots to lessen

Your sense your wound

My season my time

A kiss flowed on rain stripes

Anticipating sea to find fiery earth

The earth of sun

I raised the shadow to find You

My sensibility my wound

Η ΑΝΑΛΥΣΗ - Α

Στις ακρες δαχτυλων

Κρεμαστηκαν υδατινα κροσσια

Της πηγης του προσωπου

Σκυβοντας σε βραχο αγναντεματος

Κι' οι σταγονες κι' οι ορδες των κυματων

Κι' οι δισταγμοι της αχνης

Σιωπηλη καθρεφτιζεσαι

Γη φωτεινη διβουλη

Ερημος η φωνη καθως εσυ

Που ανοιγες τις αυγες με τα βλεφαρα

Τον υπνον φιλιων

Τις κλαγγες παρελθοντος

ANALYSIS – A

On fingertips

Dangled watery tassels

From the spring of face

Leaning over a lookout rock

With the water drops with the hordes of waves

With the vacillations of the mist

Silently you reflect yourself

Luminous Earth irresolute

Like you a desert the voice

You who unlocked dawns with eyelids

Or slumber of kisses

Or clangor of the bygone

Η ΑΝΑΛΥΣΗ - Β

Τα χερια βλασταιναν απ' την ορμη του στηθους

Ενα υπεροχο πρωινο ιβισκοι

Περιγραμματα ανεπαρκειας λογου

Αναστρεψα τις παλαμες σου

Και καθε σταγονα εφερε μνημη χαμενης Εδεμ

Τα δαχτυλα που πηραν απ' το θανατο

Τη λυτρωση πλαστικης δημιουργιας

Τα δαχτυλα που λεηλατησαν τη γοητεια

Οξειας τομης γραμμων

Με λευκη αθωοτητα αγνοιας

Στιγματα παθους

ANALYSIS – B

Arms sprouted from breast's ardor

One exquisite morning hibiscus flowers

Diagrams of insufficient reason

I inverted your palms

And every drop recalled lost Eden

The fingers that stole from death

Salvation of plastic creation

The fingers that plundered the spell

Of sharply intersecting lines

With innocence's blank ignorance

Earmarks of passion

Η ΑΝΑΛΥΣΗ - Γ

Ριζες των σπλαχνων

Ενας εφηβικος φοβος ενα αλλοιωτικο χαδι

Σπερμα μητρικης αμβροσιας

Προεκταση παρουσιας

Σε χωρο παραβολικων ποθων

Σ' εφιαλτες νεκρων παρθενων χεριων

Το φως Γαλαξια παλινδρομει

Κι' εφερα στη συνειδηση ομβριο παθος

Την καρδια σου

ANALYSIS – C

Visceral roots

A pubescent fear a singular caress

Seeds of maternal ambrosia

Extension of presence

In the space of parabolic longings

In nightmares of dead virgin hands

Palindromic Galaxy's light

As I brought into consciousness pluvial passion

Your heart

Η ΑΝΑΛΥΣΗ - Δ

Εκεντρος ζωοφορος χωρος

Γεωδαιτικοι φαλλοι υλοποιουν
Τον Πυρριχειο της Πραξης

Δειλινα που θα ερχονται νυχτες που θα φευγουν
Με τη γευση χρεους φαλλικης ηττας

Ο σπασμος σου ανανεωνει
Τη γραμμη των λοφων
Ο σπασμος που σκεπασε τους νεκρους
Λησμονια
Και το χερι πικρα

Εμεις
Τα αρχεγονα οντα

ANALYSIS – D

Eccentric life bearing space

Geodesic phalli substantiate

the Pyrrhic dance of Deed

Evenings to come nights to go

With the taste of duty of phallic defeat

Your shudder renews

The line of hills

The shudder that shrouded dead

With oblivion

And the hand with sorrow

We

The primeval beings

Η ΑΝΑΛΥΣΗ - Ε

Περπατησες την αποσταση των βηματων

Μια απομακρυνση ενας αποκλεισμος

Υψος καθετης γραμμης

Παγανευεις αισθημα υπομονης

Ωρα κατακλισης αγχους

Θερμη ννυχτα

Δεχομαι στην παλαμη

Ιχνη των ποδιων σου

Κι' ειναι ο δρομος για τις Μυκηνες

Κι' ειναι ο δρομος για την Τροια

Κι' ειναι ο δρομος για την Ιθακη

ANALYSIS – E

You walked the distance of footsteps

A detachment a blockade

Height of vertical line

You waylay feelings of constancy

Hours of reclining disquiet

Tepid night

I take in the palm

Marks of your feet

And it is the path to Mycenae

And it is the path to Troy

And it is the path to Ithaca

Η ΣΥΝΘΕΣΗ

Ησουν μικρη στιγμη

Των ματιων σου την κατευθυνση

Ακολουθησε ο ανεμος

Εφερε διλημμα μηνυματος

ALTER EGO

Κι' αν προσπαθησα με συνεπηρε χαμογελο

Κι' εγινα

Κομματι χρονου

SYNTHESIS

You were a little moment

The direction of your gaze

The wind followed

It carried dilemma of a message

ALTER EGO

And for all my effort a smile swept me

And I turned into

A slice of time

ΑΠΟΥΣΙΑ

Κλεψυδρα μετραει αυγες δυτικων παραθυρων

Αναπνοες

Δρομους που οδηγουν

Ευχες που εντοπιζονται

Κι' ειναι τα χερια σου

Τεραστιος κομπος απελπισιας

Εσπασα το χαος

Ενα απειρο μικρες γωνιες

Να κρυψω την απουσια

ABSENCE

Clepsydra counting dawns at westerly windows

Breaths

Guiding roads

Navigating wishes

And your hands are

An immense knot of despair

I shattered chaos

To an infinity of small corners

To hide your absence

Death

Il n'y avait de rendez-vous. Il y avait moi
seule devant toi mort, moi devant le vide.

Anne Philipe
Le temps d'un soupir

ΠΑΝΤΕΛΗΣ ΔΑΜΑΡ

Υπολογιζω αιωνες που ησουν θανατος

Υπολογιζω μερες ζωης

Πτυχες αρθρωσεων

Αρνηθηκαν ηχω πραξεων

Παρυφες ευαισθησιας

Μεταμεσονυκτιες υπαρξεις

Κι' ηξερες ενα περιστερι πως κρυβει τυψεις

Και ανθρωποι χαμογελα

Ειδοτροπικες μαντειες:

Ηχω
Θλιψη
Ανυπαρξια

Εσπειρα σκια τα σπλαχνα μου

Κι' αναβλυσε

Φως

INTEGRAL SPOUSE

I count centuries for death
I count days of life

Folds in joints

Refused deeds' echo

Sensitivity's edges

Early-hour entities

But you knew a dove that hides guilt

And people who hide smiles

Knowledge-tropic oracles:

Echo
Sorrow
Non-being

My viscera I sowed shadow

To pour out

Light

ΠΕΛΑΓΟΔΡΟΜΟΣ

Πελαγοδρομος

Διανυσμα δυτικο ομφαλοφορο

Οργασμος κυματων

Αρχεγονα σπαρμενα κοκκαλα

Ριζες σιωπης

SEAFARER

Seafarer

Westerly umbilical passage

Furor of waves

Primordial strewn bones

Roots of silence

DE MARIS PROFUNDIS

Στιγμες θαλασσινες

Δεοφορες

Γλαροι αιχμαλωτοι δονησεων

Ζυγιαζουν διαγωνιο πεταγμα

Οξυτομουν οριζοντια χερια καλοκαιρινου ηλιου

Αχος κοχυλιων

Αδειες ωρες οι αρματωσιες οι πρασινες

Αναρθρες κενοταφιων

Μορφες

Ερχονται

Βραχοι

Φευγουν

Εσκυψα

Να λυωσω στη χυφτα σου ακμη ερωτα

Τα ονειρα χαραχτηκαν με καφτες ακτινες

Πρωινης χρας

DE MARIS PROFUNDIS

Oceanic moments

Fearful

Seagulls captive in oscillation

Balance oblique flight

Acutely cut through arms of estival sun

Echoes of shells

Vacant hours with cenotaphs'

Green inarticulate armors

Faces

Arrive

Rocks

Depart

I leaned over

To crush in your palm culmination of love

The dreams were marked by fiery sun rays

Of morning joy

ENOXH

Στο πρωινο χειλι

Σταλαματια το φως εγχειη

Στερνο το σκοτος ομφαλιο

Κι' απο φως χωμα σκοταδι

MISCELLANEA

GUILT

On the lip of morning

Light discharged a drop

Last umbilical shadow

From light earth and darkness

MISCELLANEA

EXPANSION
(SEVEN HAIKU)

1.

Το χερι σου πουλι

Λαβωμενο σερνεται

Στο υγρο χωμα

> Your hand wounded
>
> Bird dragging
>
> On he damp earth

2.

Φευγεις μακρυα

Χελιδονια που ανοιγουν

Φτερα στ' αγερι

> You're going away
>
> Swallows opening
>
> Wings to the wind

3.

Χαδια τη νυχτα

Κιτρινα φυλλα πεφτουν

Σε ωμους περιστεριων

> Nocturnal caresses
>
> Yellow leaves falling
>
> On doves' shoulders

4.

Το προσωπο σου

Ενας μεγαλος κλειστος

Ασπρος φακελλος

> Your face
>
> A large sealed
>
> White envelope

5.

Ενας ερχομος

Λουλουδι που ανθισε

Στο φθινοπωρο

> An arrival
>
> Flower that blossomed
>
> In autumn

6.

Ηχω της φωνης

Γρυλλος μεσ' το ληοπιθαρο

Το φεγγαροφωτο

> Voice's echo
>
> Cricket in the olive jar
>
> Under the moon

7.

Φυσηξ' ανεμος

Πλοιο που ερχεται και

Αλλο που φευγει

       Blew the wind

       Ship coming and

       Another leaving

ATTITUDE
(HERMETICS)

To AK

ΤΟ ΑΠΟΓΕΥΜΑ

Παιρνεις τον δρομο που δεν οδηγει πουθενα

Στους ωμους κρατας υπομονη ευθυνης

Κι' ειναι ο ερχομος της ανοιξης

Κι' οι φωνες της ληθης

Μια θεση που αντιστεκεται

Μια θεση που υποχωρει

Στο σημειο συναντησης τους

Μπορεις να συναζης αποτυχιες και λυπες

Αναμεσα σε ονειρα που αποσυνθετει ο χρονος

Σιωπηλος μαρτυρας παραλογισμων

Και τα αντικειμενα της σιωπης

Εγιναν υποκειμενα ανησυχιας

Παραισθηση

Εχυσες σε δαχτυλα κρυο ανεμο θυελλας

Μα δεν ερχεται

Και τα δεντρα συνηθισαν πια να σκυβουν

Τα απογεματα γινονται χειμερινα

Πουλια γραμμες φυγης θαμνοι υπομονης

Η πλακα που θαψαμε ψευτικους σπορους

Και επιφανειες χωρις ορια

Ετσι που η γη

Εγινες εγω κι' εσυ

Καπνος που λησμονηθηκε να χανη τη μορφη του

Σε ησυχη ατμοσφαιρα

Απωθημενων δειλινων

AFTERNOON

You follow the road to nowhere

Carrying on your shoulders patience of responsibility

But it is the arrival of spring

And the voices of oblivion

A position resisting

A position retreating

At the point of their encounter

You may marshal failures and sorrows

Among dreams time dissolves

Silent witness of ramblings

As the objects of silence

Became subjects of disquiet

Hallucination

You poured cold stormy wind between fingers

But the tempest does not come

And the trees are already accustomed to bend

The afternoons to winter from now on

Lines of birds in flight bushes in endurance

The gravestone where false grains we buried

And infinite surfaces

Thus the earth

You and I became

Untended smoke that forgets its shape

In the quiet atmosphere

Of repressed dusks

ΤΟ ΣΟΥΡΟΥΠΟ

Απο ανοιχτα παραθυρα φευγουν οι τελευταιες ελπιδες

Μερας που σβηνει

Αναπαυονται ματια σε πρεβαζι

Κατα το πελαγο να κατηφοριζουν συννεφα

Κι' ενωμενα χερια

Ηρθαν η φευγουν

Καθε χωρα εχει τη νυχτα της

Παμε να φυγουμε που

Κολλημενες σε βραχο αχιβαδες

Και το κυμα που ερχεται και φευγει

Και ανεμος που ξαναγυρναει

Με ακριβεια αποδημητικων πουλιων

Να θυμιζη οτι προσπαθουμε να ξεχασουμε

Ερχεται νυχτα

Ερχεται Νυχτα

TWILIGHT

Through open windows depart the last hopes

Of a fading day

Eyes rest on a ledge

Toward the sea descend clouds

And united hands

Arriving or departing

Each country holds its own night

Let us go where

Rock affixed clams

Wave coming and going

And wind returning

With the exactitude of migrating birds

As a reminder of our efforts to forget

Night comes

Comes the Night

Η ΝΥΧΤΑ

Τα πουλια επαψαν να πετουν

Δρομος που δεν εχει παραθυρα

Μα κρατας χουφτα ηλιολουστη αμμο

Μακρυ το ταξειδι

Να σιγοσβυνουν σιωπηλες φωτιες λοφων

Υποψιες παλινδρομησεων

Με ανοιγμενα χερια στο υψος των ωμων

Ενοιωσα πισω μου ψυχρη αιχμη απουσιας

Νυχτα

Γυναικες που πεθαναν

Σε αγκαλιες γιατι ηταν περιωρισμενες

Που πεθαναν σε ησυχη συνειδηση

Νυχτες σαν δεν χορταινουν λαγνες

Για φως

Ματια στο σκοταδι ανελησμονητα

Παρουσιες

Χερι παιρνει σχημα γυμνης γυναικας

Αλλα ειπες

Φως

Και υπνος που ερχεται και φευγει

Παμε να φυγουμε που

Στο σπασιμο της νυχτας

Γλαροι κρωζουν στη θαλασσα

Φως

NIGHT

The birds ceased to fly

Windowless street

Yet you hold a handful of sunbathed sand

Long the journey

As silent fires on the hills smolder

Misgivings of palindromes

With outstretched arms at shoulder height

I felt on my back icy point of absence

Night

Women who perished

Embraced because of sequestration

Who perished with quiet conscience

Nights insatiable lusting

For light

Eyes in the dark unforgettable

Presences

Hand shaping like a naked woman

All the same you spoke

Light

And sleep coming and going

Let us go where

At night's rupture

Seagulls screech over the sea

Light

ΤΟ ΧΑΡΑΜΑ

Ερημος

Κι' ο πρωινος οδοκαθαριστης προσεχτικα

Σκουπισε τις σκιες

Ερημος

Και ξαναγινεσαι ενα συνειδητο οραμα

Καθως

Θαλασσα βρεχει

Ο,τι γραφτηκε στην αμμο

Πρασινη κατω απο την προστασια ομιχλης

Ερημος

Στις πρωινες φωνες της γης

DAYBREAK

Desert

As the morning street sweeper attentively

Swept up the shadows

Desert

As you reshape into conscious vision

While

Sea dampens

Everything that was written on the sand

Emerald under the protection of fog

Desert

In the matinal voices of the earth

ΕΩΘΙΝΟ

Νοιωθω αδειες φωλιες πουλιων

Να φυτρωνουν στην καρδια μου

REVEILLE

Empty birds' nests I sense

Germinating in my heart

www.ingramcontent.com/pod-product-compliance
Lightning Source LLC
Chambersburg PA
CBHW032036090426
42741CB00006B/833